Where Is Lily, My Little Cat?

Gdzie jest Lily, mój mały kot?

English / Polish

All images come from Vecteezy.com

Where is Lily, my little cat?

Gdzie jest Lily, mój mały kot?

She is not in the garden.

Nie ma jej
w ogrodzie.

There are trees, flowers, grass and kids in the garden.

W ogrodzie są drzewa, kwiaty, trawa i dzieci.

Where is Lily, my little cat?

Gdzie jest Lily, mój mały kot?

She is not in the sea.

Nie ma jej
w morzu.

There are fish, a turle, a seahorse and an octopus in the sea.

W morzu są ryby, żółw, konik morski i ośmiornica.

Where is Lily, my little cat?

Gdzie jest Lily, mój mały kot?

She is not on the farm.

Nie ma jej
w gospodarstwie
rolnym.

There are animals on the farm: a horse, a sheep, a cow, pigs, a hen, a rooster and chickens.

W gospodarstwie rolnym są zwierzęta: koń, owca, krowa, świnie, kura, kogut i kurczaki.

Where is Lily, my little cat?

Gdzie jest Lily, mój mały kot?

She is not in the forrest.

Nie ma jej
w lesie.

There are trees, mushrooms, a fox and a hedgehog in the forrest.

W lesie są drzewa, grzyby, lis i jeż.

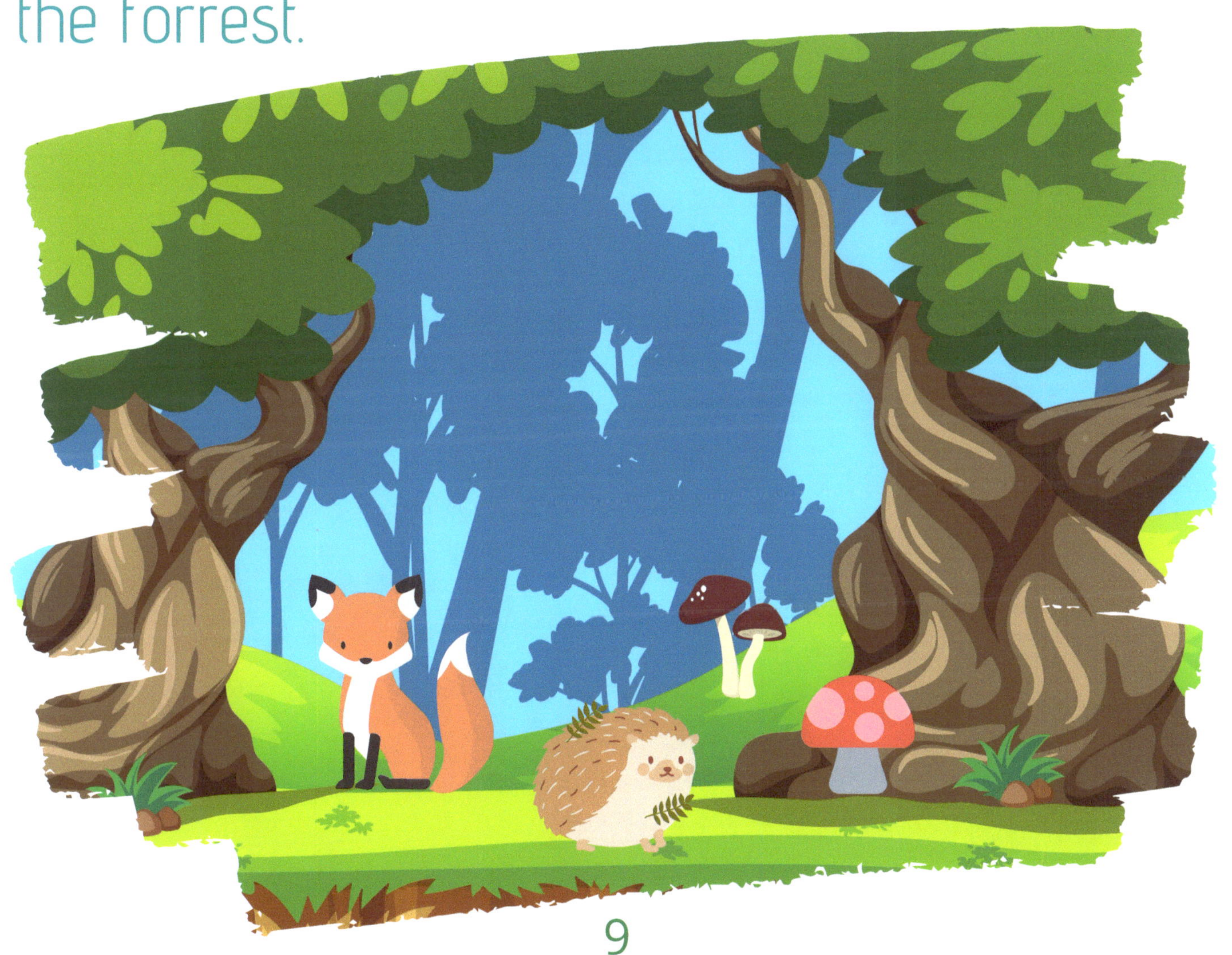

Where is Lily, my little cat?

Gdzie jest Lily, mój mały kot?

She is not on the beach.

Nie ma jej
na plaży.

There are palms, a ball,
a sun umbrella and a starfish
on the beach.

Na plaży są
palmy, piłka,
parasol
słoneczny i
rozgwiazda.

Where is Lily, my little cat?

Gdzie jest Lily, mój mały kot?

She is not in the desert..

Nie ma jej
na pustyni.

There are camels and cactuses in the desert.

Na pustyni są kaktusy i wielbłądy.

Where is Lily, my little cat?

Gdzie jest Lily, mój mały kot?

She is not in the city.

Nie ma jej
w mieście.

There are houses, skyscrapers and cars in the city.

W mieście są domy, wieżowce i samochody.

Where is Lily, my little cat?

Gdzie jest Lily, mój mały kot?

She is not in the jungle.

Nie ma jej
w dżungli.

There are wild animals in the jungle: a monkey, a parrot, and a snake.

W dżungli są dzikie zwierzęta: małpa, papuga i wąż.

Where is Lily, my little cat?

Gdzie jest Lily, mój mały kot?

She is not in the sky.

Nie ma jej
na niebie.

There are clouds, a plane and the Sun in the sky.

Na niebie są chmury, samolot i słońce.

Where is Lily, my little cat?

Gdzie jest Lily, mój mały kot?

She is not in the mountains.

Nie ma jej
w górach.

There are mooses, trees
and snow in the mountains.

W górach są łosie, drzewa i śnieg.

Where is Lily, my little cat?

Gdzie jest Lily, mój mały kot?

She is in my bed!.

Jest w moim

łóżku!

Thank you for purchasing this book!
I am a young and independent author and I truly appreciate your support.
If your child likes this book, I would humbly request that you leave a review on Amazon so that others might easily find and also enjoy this book :)

Marie Ann Monroe

www.ingramcontent.com/pod-product-compliance
Lightning Source LLC
Chambersburg PA
CBHW042130110726
48006CB00003B/838

* 9 7 9 8 6 9 8 9 2 5 2 1 7 *

This bilingual book is a perfect way to introduce children to a foreign language. It teaches kids about Polish and/or English in a fun way using colourful images to help along the way!

Ta dwujęzyczna książeczka jest doskonałym sposobem na zapoznanie dzieci z obcym językiem. Uczy je polskiego i/lub angielskiego w zabawny sposób. Dzieci będą zachwycone kolorowymi obrazkami, które ułatwią przyswajanie nowego słownictwa!

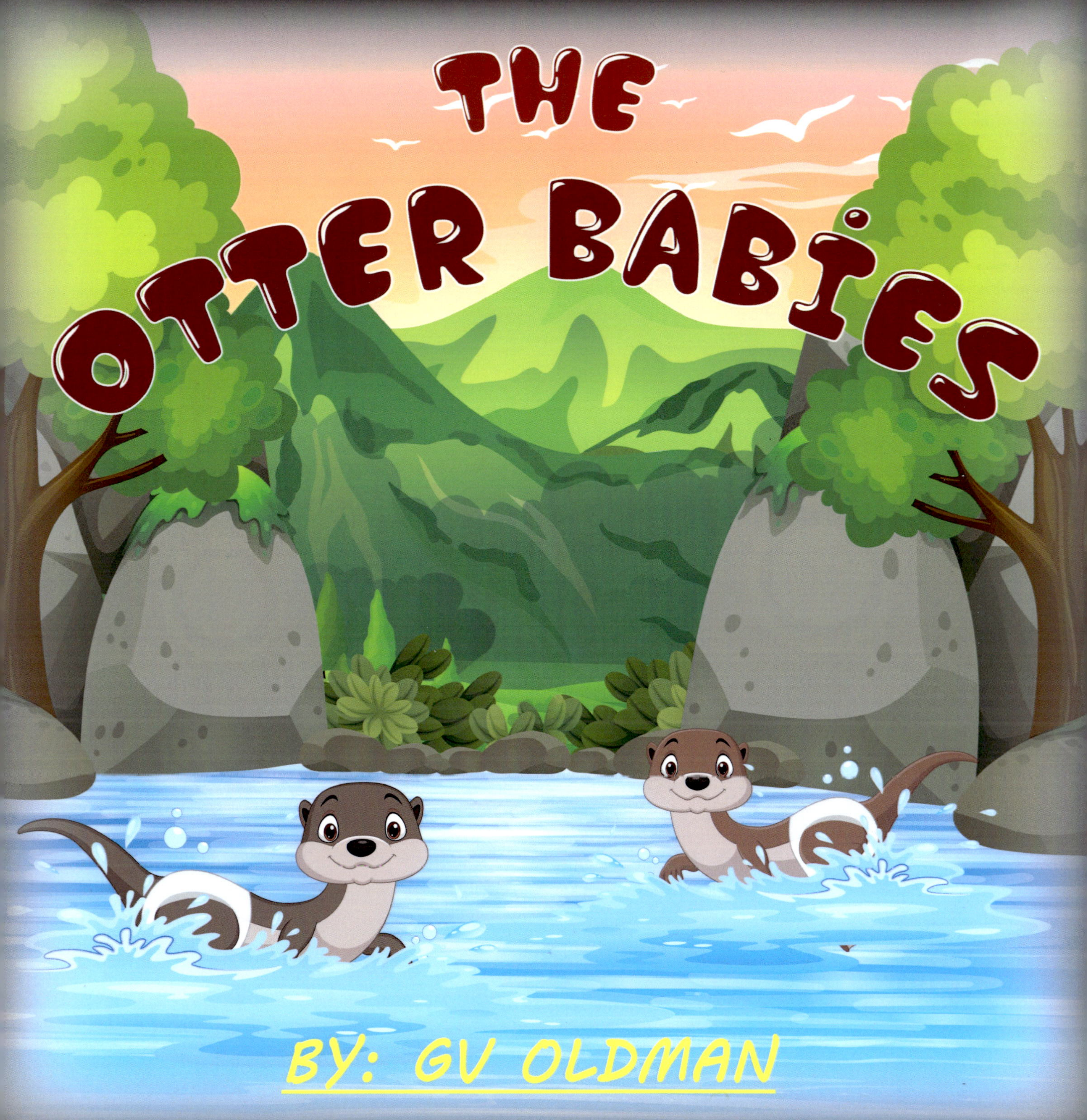
THE
OTTER BABIES
BY: GV OLDMAN